André Cochut

L'Or en 1854

Histoire

ISBN : 978-1984070814

10 9 8 7 6 5 4 3 2 1

André Cochut

L'Or en 1854

Histoire

Table de Matières

L'Or en 1854

La raréfaction de l'argent, l'affluence de l'or, c'est là un phénomène dont on commence à se préoccuper dans le monde commercial. Est-ce un bien est-ce un mal que cette surabondance du plus précieux des métaux employés comme monnaie ? En résultera-t-il un dérangement dans l'équilibre des valeurs, une perturbation dans les revenus ? Grandes questions, déjà controversées d'un bout à l'autre du monde, et que l'expérience tranchera avant peu d'années. Les optimistes, quoique en désaccord avec les prévisions de la science, ont eu un moment les apparences pour eux. La Californie était décriée en Europe par beaucoup de colons désappointés, et du côté de l'Australie, qui en était à ses débuts, on craignait une mystification. L'industrie, en voie d'expansion, demandait plus de capitaux qu'on n'en pouvait tirer des entrailles de la terre. Quant au prix relatif des deux métaux, on annonçait que des mines d'argent et de mercure nouvellement découvertes allaient contrebalancer les trouvailles californiennes. L'or, un instant déprécié après sa démonétisation en Hollande, regagnait son ancienne faveur, et l'hôtel des monnaies de Paris en frappait dix fois moins en 1852 qu'en 1851. Une commission officielle, délibérant sous ces influences, déclara que les craintes étaient chimériques, et qu'il n'y avait pas lieu à modifier notre système monétaire [1].

L'aspect des choses a bien changé depuis cette décision. La Californie et l'Australie ont donné plus qu'elles n'avaient promis, et promettent actuellement plus qu'elles n'ont donné. L'argent n'existe plus dans les grandes banques européennes : il a pris écoulement vers les marchés lointains, où il obtient des primes. L'or est le seul instrument des transactions, et l'insuffisance de la monnaie d'appoint devient une gêne pour le petit commerce. En annonçant la fabrication des nouvelles coupures de 10 et de 5 fr. en or, certains journaux ont présenté cette mesure comme devant remédier à tout. À les en croire, il suffira que la menue monnaie ne manque pas aux échanges pour que la substitution de l'or à l'argent, entrant dans les habitudes, s'accomplisse d'une manière tout à l'ait inoffensive. Nous ne sommes pas de ceux qui supposent qu'une pareille révolution économique soit indifférente. Sans semer des alarmes, ne peut-on, ne doit-on pas signaler au public la diffusion toujours croissante de l'or, les effets qu'elle a déjà produits en Europe, et les mesures de précautions adoptées en divers pays ? Il en est d'un trouble monétaire comme d'une inondation, dont chacun peut se garantir plus ou moins quand il est averti à temps. Le danger, s'il y en avait, serait dans cette sécurité somnolente qui permet aux gens éclairés et vigilants de sauvegarder leurs intérêts, en laissant la multitude exposée à un réveil plein d'amertume. Notre conviction à cet égard est justifiée, ce nous semble, par les renseignements que nous avons recueillis et résumés.

Entre les innombrables qualités qui ont fait choisir l'or et l'argent pour mesure des valeurs et pour instruments des échanges, il en est une qui légitime leur brillant privilège : les métaux précieux sont peut-être, de toutes les marchandises, celle qui s'use le moins. À l'abri de l'oxydation, susceptibles de recevoir toutes les formes, d'être subdivisés ou agglomérés à l'infini, ils passent par une incessante rotation de l'état de lingots à celui de monnaies ou de bijoux, sans déperdition apparente de leur valeur intrinsèque. La pièce de 20 fr. avec laquelle vous paierez demain la dépense de votre ménage a subi sans doute de curieuses métamorphoses. Dans les molécules réunies et monétisées, il y en a peut-être qui ont brillé au front d'un vénérable monarque, et d'autres au cou d'une vile courtisane. Peut-être qu'une parcelle devant laquelle on s'est agenouillé dans le temple de Salomon est assimilée à telle autre qu'on a exhumée l'année dernière en Californie, car c'est encore un des avantages de l'or et de l'argent que de ne point vieillir. Ne présentant pas au commerce des *sortes* différentes, comme le fer et le cuivre, essentiellement homogènes à l'état pur, ils sont continuellement rajeunis par la fonte et l'affinage. De cette manière, ils restent presque intégralement dans la circulation où ils sont une fois entrés, et les trouvailles de chaque année s'additionnent avec celles des temps antérieurs.

Les théoriciens et les hommes d'affaires étaient également intéressés à se rendre compte de la production annuelle des métaux précieux, et des quantités qui peuvent en exister dans le monde. On n'a épargné à ce sujet ni les laborieux calculs, ni les hypothèses ingénieuses. Presque toutes les évaluations de ce genre ont pour base les beaux travaux dont M. de Humboldt a puisé les éléments dans ses voyages au Nouveau-Monde et en Europe. Un érudit anglais, M.

Jacob, a mis en lumière le côté historique du problème. Nous avons en France une autorité des plus sûres, M. Michel Chevalier, qui a résumé les travaux antérieurs avec la pénétration d'un économiste et le savoir d'un ingénieur métallurgiste. Depuis les phénomènes qui se produisent dans les nouvelles contrées aurifères, les études de ce genre ont été reprises dans les pays particulièrement intéressés à ces découvertes. On a remarqué récemment à Londres les tables statistiques de M. Byrkmire et un livre de M. Stirling [2] auquel nous emprunterons beaucoup de faits intéressants. Aux États-Unis, on ne se lasse pas des renseignements et des supputations concernant les métaux monétaires. Il est à remarquer qu'entre un aussi grand nombre d'évaluations, les résultats ne présentent pas de ces écarts qui désolent trop souvent les statisticiens, ce qui autorise à penser que les recherches sur cette matière, malgré leur côté conjectural, touchent de très près à la vérité.

En analysant à. notre tour ces documents divers, en les contrôlant les uns par les autres, et au moyen des notes prises depuis quelques mois dans les journaux étrangers, nous avons dressé des tableaux qui présentent en quelque sorte la moyenne des faits connus.

Veut-on faire comprendra l'influence que peuvent avoir sur le commerce universel les exploitations aurifères de la Californie et de l'Australie, il faut commencer par établir la production annuelle de l'or et de l'argent depuis que les faits ont été constatés, l'abondance relative de ces métaux et les quantités toujours croissantes qui se sont répandues dans le monde.

PRODUCTION ANNUELLE DES MÉTAUX PRÉCIEUX JUSQU'EN 1848

Epoques divers	Or (francs [3])	Argent (francs)	Valeur totale (francs)
1492	«	«	1,750,000
1500	«	«	4,000,000
1550	«	«	15,000,000
1600	«	«	55,000,000

1650	«	«	88,000,000
1700	«	«	115,000,000
1750	«	«	183,000,000
1800	82,000,000	190,000,000	272,000,000
1842	171,000,000	196,000,000	367,000,000
1848	231,000,000	202,000,000	433,000,000

Ainsi en 1848, même avant les merveilles de la Californie et de l'Australie, la production des métaux était deux cent quarante fois plus forte que dans les temps antérieurs à Christophe Colomb. L'accroissement depuis trois siècles et demi n'a pas été régulièrement progressif ; il a été déterminé d'abord par la découverte des dépôts et surtout par les perfectionnements qui ont abaissé les prix de revient. À l'origine, l'industrie des Espagnols consistait à soutirer l'argent déjà accumulé par les indigènes. En 1545, la découverte des incomparables gisements de Potosi donna l'impulsion aux travaux métallurgiques, fort négligés pendant les premiers temps de la conquête : les produits étaient alors traités à la manière indienne, par la fusion. On construisait sur le sommet des montagnes de grands niveaux d'argile percés de trous ; après y avoir introduit couche par couche du minerai d'argent et du charbon, on allumait un foyer sous les cylindres, de manière à faire pénétrer par les trous une flamme que le courant d'air activait ; ce procédé, que l'insuffisance du combustible rendait fort dispendieux, ne dégageait qu'une faible partie du précieux métal. Jusqu'alors, le commerce européen n'avait pas été remarquablement influencé par les richesses monétaires du Nouveau-Monde : les prix des marchandises restaient à peu près ce qu'ils avaient été à la fin du siècle précédent ; mais un progrès métallurgique allait faciliter la production de l'argent, de manière à bouleverser l'équilibre des valeurs.

Vers 1580 commence à se généraliser un procédé révélé depuis une vingtaine d'années par un mineur mexicain nommé Bartholomé de Medina, procédé qui consiste à séparer l'argent en amalgamant le minerai trituré avec du mercure. On tire de la matière brute une quantité beaucoup plus forte de métal épuré ; on utilise des masses considérables de résidus négligés précédemment. À cette période se rapporte le plus rapide et le plus grand enchérissement des marchandises dont l'histoire économique ait gardé souvenir (à part toutefois la phase anormale des assignats). Les prix commerciaux s'élèvent dans la proportion de 1 à 4 ou 5, c'est-à-dire que, pour acheter une même chose, il faut donner un poids d'argent quatre ou cinq fois plus fort. C'est non pas l'objet qui a gagné en prix, mais le numéraire qui a perdu les trois quarts du sien.

Avec le procédé de l'amalgation, le sacrifice qu'il faut faire pour l'achat du mercure règle en grande partie la valeur commerciale de l'argent. Le gouvernement espagnol, détenteur de deux mines de mercure sur les trois qui étaient connues dans le monde, tint d'abord cette substance à un prix excessif ; c'était le moyen de soutirer tout le bénéfice des exploitations. On finit par découvrir, vers le milieu du XVIIIe siècle, que les entrepreneurs étaient découragés, et que l'abandon du travail des mines ruinerait les colonies américaines en leur enlevant tout leur prestige. On abaissa dès lors le prix du mercure, qui, en 1778, fut livré à raison de 41 piastres le quintal, au lieu de 187 piastres qu'il coûtait en 1590. Cette réforme ayant amélioré les conditions du travail, les mineurs reprirent courage, et, à partir de 1760 jusqu'à la fin du siècle, ils versèrent en Europe des sommes assez abondantes pour y déterminer un nouvel enchérissement des marchandises, évalué par les contemporains au double des prix de la période antérieure. La production de l'or prit en même temps une importance extraordinaire par l'organisation des lavages du Brésil. À partir des premières années du XIXe siècle, la Russie n'a cessé de découvrir dans l'Oural, ensuite dans l'Altaï, des gisements de sables aurifères de plus en plus riches. C'est ainsi que la production des métaux précieux est arrivée au point que nous avons constaté pour 1848, à la somme déjà énorme de 433 millions de francs.

On voit dans le tableau qui précède que pendant les quarante-huit premières années du siècle, la production de l'argent est restée à peu de chose près stationnaire, tandis que celle de l'or a presque triplé. Cet accroissement n'a pas eu pendant cette période une influence bien marquée sur les valeurs commerciales, parce que l'enchérissement est moins déterminé par l'abondance monétaire que par le prix de revient de la monnaie. Une faible quantité de métaux précieux obtenue à vil prix occasionnerait sur les marchés une hausse plus forte qu'une quantité beaucoup plus considérable extraite sans bénéfice. Le commerce n'avait donc pas à s'inquiéter beaucoup des progrès des lavages d'or, qui exigeaient une main-d'œuvre dispendieuse, car il s'agissait de dégager d'une pâte argileuse des grains presque imperceptibles, et, même dans les conditions réputées favorables, de remuer de 500,000 à 1 million de kilogrammes de terre pour extraire un seul kilogramme d'or ; mais ce qui s'est passé depuis 1849, tout le monde le sait. On a d'abord trouvé en Californie des dépôts d'alluvion d'une richesse qui abaisse étonnamment les frais de main-d'œuvre, et des filons de quartz aurifères tels qu'on espère les exploiter avec bénéfice, résultat sans exemple jusqu'à nos jours. Pendant que l'Europe s'émerveille, une autre découverte éclipse la Californie. Un vaste continent, dont on connaît à peine le tiers, fournit non plus seulement du sable d'or, mais de véritables lingots obtenus parfois sans labeur. Grâce à ces miraculeuses trouvailles, la somme des métaux précieux versée dans la circulation augmente d'année en année d'une manière éblouissante ; qu'on en juge !

PRODUCTION ANNUELLE DE MÉTAUX PRÉCIEUX DEPUIS 1849 JUSQU'EN 1853

Années	Origines	Or	Argent	Valeur totale
1849	Anciens pays de production	240 000,000	210,000,000	
«	Commencement de la Californie	125,000,000	«	575,000,000
1850	Anciens pays	246,000,000	212,000,000	
«	Californie	280,000,000	«	738,0000
1851	Anciens pays	250,000,000	216,000,000	
«	Californie	300,000,000	«	
«	Australie (derniers mois)	88,000,000	«	854,000,000
1852	Anciens pays	297,000,000	220,000,000	
«	Californie	323,000,000	«	

«	Australie	380,000,000	«	1,220,000,000
1853	Anciens pays	300,000,000	226,000,000	
«	Californie	353,000,000	«	
«	Australie	412,000,000	«	1,291,000,000
	TOTAUX	3,594,000,000	1,084,000,000	4,678,000,000

Les produits de l'année qui vient de finir ne peuvent pas encore être constatés régulièrement. Pour la Californie, nous reproduisons, d'après les journaux américains, le chiffre de 353 millions, qu'ils ont emprunté, disent-ils, aux documents publiés par l'administration de San-Francisco. Pour l'Australie, notre *Moniteur* constatait récemment que les envois du second trimestre, contrariés par la mauvaise saison, n'avaient pas dépassé un poids équivalant à 88 millions de francs, mais qu'on attendait mieux pour le reste de l'année. Ajoutez à ce minimum les quantités métalliques extraites, mais non expédiées, et vous arriverez aisément au chiffre que nous avons puisé dans d'autres documents. Plus l'estimation de 1853 était conjecturale, et plus il devenait prudent de rester au-dessous des probabilités : c'est ce que nous avons fait. Les résultats que nous admettons sont bien inférieurs à ce que les Américains et les Anglais nous promettaient pour la dernière campagne. M. Stirling cite, d'après le *Times*, un document où on lit : « Suivant une estimation modérée, la totalité des extractions pour la seule Australie ne serait pas au-dessous de 40 millions de livres sterling (1 milliard de fr.) »

La production annuelle des métaux employés comme monnaie étant connue avec assez de vraisemblance, il suffit d'additionner les résultats successifs et de retrancher du total les quantités qu'on suppose perdues, pour se rendre compte de la valeur représentée par l'or et l'argent répandus dans le monde, sous les trois formes de lingots, de monnaie et d'objets plus ou moins utiles. Les conjectures formulées à ce sujet peuvent se résumer ainsi :

À l'époque de Charlemagne, l'Europe possédait en or et en argent une valeur de 800 millions de francs : à la découverte du Nouveau-Monde, il y avait peut-être 200 millions de plus. Un siècle plus tard, vers l'an 1600, une somme d'environ 5 milliards circulait dans la sphère du commerce européen, c'est-à-dire dans l'occident de l'ancien monde et dans les colonies américaines. En 1700, on avait, dit-on, dépassé 13 milliards. Cette quantité était au moins doublée au commencement du siècle suivant, qui est le notre. Selon M. Michel Chevalier, les mines d'argent exploitées dans le monde connu depuis la découverte de l'Amérique jusqu'en 1848 ont donné 142 millions ½ de kilogrammes, valant 29 milliards 452 millions de francs. Les recherches aurifères ont procuré pendant cette même période de trois siècles 4,101,207 kilogrammes, valant 14 milliards 126 millions, ce qui a porté la valeur totale des métaux monétaires à 43 milliards 578 millions avant l'exploitation de la Californie. En ajoutant à ce résultat celui des cinq dernières années, on arrivera en dernière analyse à un chiffre dépassant 48 milliards.

Il y a sans doute dans les grands états de l'Asie et de l'Afrique centrale, notamment en Chine et au Japon, des valeurs métalliques très importantes ; mais elles échappent à l'évaluation.

On estime à une s mime d'environ 10 milliards les quantités d'or et d'argent fonctionnant actuellement dans le monde à l'état de monnaie. Le reste est employé en vaisselle, montres, bijoux, objets d'art, ou dort dans les coffres-forts à l'état de lingots.

L'accroissement subit et démesuré dans la production des métaux précieux a causé dans les hautes régions du commerce et de la finance une émotion mélangée d'une vague inquiétude. Les trouvailles miraculeuses qui, depuis cinq ans, ont jeté dans la circulation un excédent de 2 milliards 1/2, sont-elles un phénomène éventuel ou bien un fait qui doit se perpétuer, et qu'il est temps de prendre en sérieuse considération dans la balance des intérêts ? Il nous semble difficile aujourd'hui de ne pas résoudre la question affirmativement, et, s'il n'y a pas trop d'exagération dans les renseignements dont les Anglais et les Américains sont avides, les résultats de l'année dernière devraient être encore dépassés : nous ne serions qu'au début de l'*âge d'or*.

La fièvre californienne tend à se régler. Les lieux où l'on a chance de trouver l'or sont actuellement reconnus : ils forment, entre le 37e et le 40e degré de latitude nord, une bande allongée encaissée entre la Sierra-Nevada et les collines californiennes Pour se faire une idée de la surface où les gisements sont disséminés, il faut se représenter un carré mesurant cent lieues par chaque côté.

On donne actuellement à ces terrains le nom de Mines du Nord en remontant la vallée du Sacramento, et celui de Mines du Sud quand on descend dans la vallée de San-Joaquin. Enfoui en terre plus ou moins profondément, enchâssé dans le quartz ou roulé par les eaux, l'or s'y trouve abondamment, le plus souvent en poudre, quelquefois par petits blocs, ou amoncelé dans des *poches*, comme le trésor lentement enrichi d'un avare. Le nombre des mineurs flotte, selon les saisons, entre 100 et 180,000. Au milieu des aventuriers qui se disséminent par petits groupes, sans autre outillage qu'une pioche, un crible et un fusil, commencent à s'établir des entreprises disposant des ressources du capital et de la science. Nous lisions dernièrement dans une revue américaine qu'une compagnie dite *gold-hill quartz*, fondée au capital de 5 millions de francs, possède deux moulins, l'un ayant une machine à vapeur de 25 chevaux conduisant dix-huit pilons et de force à écraser trente tonnes de quartz par jour, l'autre de 65 chevaux conduisant dix pilons et une scierie mécanique. Le quartz ainsi traité rend, dit-on, 72 grammes d'or par tonne anglaise de 1,016 kilogrammes. S'il n'y a pas là exagération de prospectus, la spéculation doit être fort lucrative, puisque le métal précieux est à la vile matière dans la proportion de 1 à 14,110, tandis que dans les mines de l'Oural cette proportion est de 1 à 400,000 au plus.

Et l'Australie ! Ce qu'on en raconte ne ressemble-t-il pas à un rêve fait après lecture des *Mille et une Nuits* ! Quoique les résultats soient déjà immenses, l'histoire est tellement récente, qu'on n'a pas encore eu le temps de la faire. L'Europe ne la connaît que par de vagues récits qui sentent la légende. On vous racontera qu'un sauvage au service d'un colon, voyant son maître serrer avec soin des pièces d'or, dit qu'il avait remarqué un gros morceau de pareille matière, et qu'il irait le chercher, si on lui promettait de lui donner pour sa peine quelques objets de toilette dont il avait envie. Marché fait, le sauvage aurait rapporté un bloc valant plus de 100,000 fr. Ce récit, dans lequel plusieurs faits réels se fondent avec une sorte d'alliage poétique, montre comment l'histoire s'écrit dans les imaginations populaires. Voici la vérité, qui est déjà bien assez curieuse.

Une douzaine d'années avant les premières exploitations, l'existence des terrains aurifères avait été révélée au gouvernement anglais par plusieurs voyageurs. Soit incrédulité, soit plutôt apathie naturelle aux administrations publiques, on n'avait pas donné suite à cet avis. On s'en excuse aujourd'hui par la répugnance qu'on aurait eue à mettre des trésors sous la main des repris de justice. Vers la fin de 1850, un M. Smith, envoyé par des spéculateurs à la recherche des mines de fer, se présente au conseil colonial de Sidney, tenant un morceau d'or à la main et promettant des merveilles, si on prenait l'engagement de le traiter avec magnificence. Ce procédé inspira de la défiance au conseil : dans la crainte d'une supercherie ou tout au moins d'une mystification, le *trouveur* fut éconduit. Ce fait, devenu la fable d'une petite ville, donna l'éveil aux esprits aventureux. Un M. Hargreaves, entre autres, homme de résolution, qui avait fait son apprentissage en Californie, entreprit une exploration à ses risques et périls. À son retour en avril 1851, il attesta l'existence de plusieurs des gisements aurifères qui sont devenus célèbres depuis cette époque. L'affaire ayant été prise cette fois en considération par l'autorité coloniale, on nomma une commission chargée de suivre M. Hargreaves dans une tournée dont il avait tracé l'itinéraire. Dès la première journée, les commissaires avaient vu tant de richesses, qu'ils jugèrent inutile d'aller plus loin. Leur retour détermina cette sorte de délire contagieux bien connu en Californie [4]. Une proclamation du gouvernement défendit aux citoyens de se livrer à la recherche de l'or sans s'être munis d'une licence. Chacun s'empressa de se mettre en règle, abandonnant avec joie le métier de la veille pour commencer une existence nouvelle.

Ici se place le fait qui a le plus frappé les imaginations, la découverte du quintal d'or. En juillet 1851, au moment où les esprits fermentaient avec le plus de force, un indigène de la race noire des Papous, engagé depuis sept ans au service du docteur John Kerr de Wallawa, district de Balhurst, raconta à son maître que, dans une excursion lointaine, il avait été attiré par les reflets brillants d'un rocher, et qu'ayant eu la curiosité de briser avec son tomahawk quelques fragments du bloc, il en avait dégagé une matière jaunâtre, ayant une apparence métallique. Sans perdre une minute, le docteur fit atteler une carriole, se munit de quelques outils, et se mit en campagne avec son fidèle et intelligent serviteur. Ce n'était point une illusion, la nature avait amassé en ce lieu un trésor d'une incomparable richesse. Un bloc de quartz d'environ trois quintaux anglais (150 kilogrammes) contenait une grande quantité de morceaux d'or pur. Le docteur, homme instruit, aurait désiré conserver ce spécimen de minéralogie sans pareil dans le monde ; mais deux personnes ne pouvaient manier une telle masse, et il n'eût pas été prudent de quitter la place pour aller chercher des auxiliaires. Le docteur s'étant décidé à briser le bloc, il en tira un certain nombre de lingots. Le plus gros, pesant un peu moins de 3 kilogrammes, valait à lui seul 10,000 francs. Le tout, composant un poids de 47 kilogrammes, représentait, au cours du tarif français, environ 160,000 francs.

M. Kerr désirait que la chose restât secrète. Le bruit se répandit néanmoins qu'il avait trouvé un trésor. Cette rumeur l'exposant à une curiosité importune, il annonça qu'il ferait bientôt connaître la vérité. Le lendemain, on vit le docteur sortir en cabriolet découvert et escorté par son nègre à cheval. Le cabriolet allait au pas dans la grande rue de Bathurst ; M. Kerr tenait suspendu, pour le faire voir aux passants, le plus gros des morceaux qu'il avait exhumés : les autres étaient placés d'une manière ostensible dans une boite d'étain. Après avoir promené le trésor devant la foule ébahie, délirante d'espérance et d'envie, le cortège se rendit à la banque dite l'Union australienne, où les lingots furent examinés, évalués et surtout admirés. Achetés sur place 86,000 fr., ils ont été envoyés à Londres, où ils ont sans doute trouvé acquéreur à très haut prix, à titre de curiosité minéralogique. Il faut ajouter, pour la moralité de l'histoire, que le digne docteur ne se contenta pas d'allouer au nègre australien quelques pièces de cotonnade : il se fit un point d'honneur d'assurer l'avenir de sa famille, en lui donnant, avec un petit domaine, deux troupeaux de moutons, deux chevaux de selle, un attelage de bœufs et un petit matériel d'exploitation.

Cet incident frappa du coup de grâce les cerveaux australiens. À l'exception des personnes retenues par des infirmités ou des devoirs impérieux, la population entière se dissémina dans les déserts. Hommes de loi ou d'église, marchands, ouvriers, commis, lettrés, le riche et le pauvre, le maître et le domestique, beaucoup de femmes, tous accoutumés plus ou moins au comfort de la vie anglaise, allèrent au hasard, à cinquante, à cent lieues de leurs demeures, pour y vivre sans abris, sans aliments assurés, inondés de pluie et manquant souvent d'eau potable, tourmentés jour et nuit par des insectes irritants. Quand ils reparaissaient après un séjour aux mines, c'était avec des figures jaunes et creuses, quelque chose d'effaré dans le regard, des habits usés et sordides, atteints assez souvent de dyssenteries et d'ophthalmies ; mais ce triste aspect était relevé par un reflet de satisfaction sur tous les visages, par la gloriole du soldat triomphant, fier de ses plaies et de ses lambeaux.

Il est vrai que la récompense est splendide ! Dans les pays qui ont passé pour favorisés jusqu'en ces derniers temps, le lavage de 8 à 10 quintaux de terre par jour constitue une tâche fort rude, quoique peu lucrative, et si, dans certaines parties des possessions russes, le rendement est abondant, la peine est prise par des malheureux condamnés dont la meilleure récompense est de n'être pas trop battus. En Australie, remarquons-le d'abord, chacun travaille où il veut, quand il veut et pour soi, sauf une faible remise attribuée a l'état possesseur du sol. Quant aux chances de gain, résumons ce qu'écrivait dans ses dépêches du 10 octobre 1851 le vice-gouverneur Latrobe : « Les dépôts les plus riches se trouvent dans les petites veines d'une argile bleue où le minerai est en apparence entièrement pur. Il y gît empâté par morceaux de diverses dimensions, roulés ou rongés par l'eau, et dont le poids varie depuis un 1/4 d'once jusqu'à 2 ou 3 onces (de 8 à 95 grammes). Quelquefois il est enchâssé dans des cailloux ronds de quartz, substance qui parait avoir été sa gangue primitive. Les fragments qu'on en tire, irréguliers ou polis, pèsent dans quelques cas de 7 à 8 onces (217 à 219 grammes, valant de 7 à 800 francs)… Je puis, ajoute M. Latrobe, vous donner une idée de la valeur de ces veines bleuâtres en vous disant que, pendant mon inspection, j'ai assisté au lavage d'une portion de terre contenue dans deux plats d'étain d'environ vingt pouces de diamètre (un demi-mètre). Le rendement n'a pas été au-dessous de 8 livres pesant d'or pur. » Ainsi, au fond de ces deux plats de terre bleue, il y avait un lingot de 3 kilogrammes valant 10,000 francs !

La topographie des régions aurifères n'a pas encore été dessinée très nettement. L'Australie anglaise se compose, à proprement parler, de cinq colonies distinctes : la Nouvelle-Galles du Sud ou Sidney, qui se développe à l'est du continent sur une surface aussi grande que l'Algérie ; l'Australie méridionale, qu'on subdivise actuellement en province de Victoria et province d'Adélaïde ;

l'Australie occidentale, à l'opposé de Sidney, et enfin deux établissements insulaires, la terre de Van Diémen et la Nouvelle-Zélande. Au point de vue de la production de l'or, on ne s'est encore occupé jusqu'ici que des deux premières contrées. Il n'est pas sans intérêt de réunir quelques détails sur ces localités inconnues, destinées peut-être à modifier les relations commerciales du vieux monde.

L'attention s'est d'abord portée sur la Nouvelle-Galles du Sud. Suivant un rapport fait en 1852 à l'assemblée législative de Sidney par M. John Dunmore Lang, les terrains aurifères de cette colonie se développent dans quatre directions.

À 200 kilomètres ouest de Sidney sont les mines d'Ophir, dans le district de Bathurst, où serpente, à travers les Montagnes-Bleues, une rivière déjà renommée, le Turon. C'est dans ce rayon que les travaux ont commencé, et la découverte du docteur Kerr l'a mis tout d'abord à la mode. « Dans tout le cours de la rivière du Turon, dit en un rapport officiel M. Hardy, principal commissaire aux mines, la production de l'or est aussi régulière que celle du froment dans un champ ensemencé. Dans tout le bassin que j'ai inspecté (15 kilomètres), on peut compter absolument sur le résultat qu'on obtiendra comme sur un salaire hebdomadaire, et 5,000 travailleurs ne seraient rien dans un pareil espace… Il y a sur les bords de cette rivière un terrain encore intact qui peut être exploité avec avantage par quelques milliers d'individus. Je me suis assuré par des observations personnelles que les nombreux courans (plusieurs ont de 16 à 24 kilomètres de long), dont les eaux vont se jeter dans le Turon, produisent l'or à raison d'environ 10 shillings par jour pour chaque individu. » Cette rémunération de 12 francs 50 cent, est un minimum, remarquons-le bien, Le commissaire des mines, d'accord en cela avec les correspondances particulières, dit qu'il est ordinaire de réaliser 20 ou 25 francs par jour. « Je connais un grand nombre de *diggers*, ajoute-t-il, qui gagnent 2 livres (50 francs). » Ce gain normal assurant l'existence n'exclut pas les coups de fortune, car chaque pionnier est un joueur prêt à étendre la main pour saisir un gros lot. Les bonnes chances ne sont pas rares, à ce qu'il parait, dans le district, du Turon. « Aujourd'hui et les trois jours précédons, écrit-il. Hardy, trois hommes ont recueilli 10 livres pesant d'or (3 kilog. 723 grammes, valeur française 12.789

fr.). » Le *Times* citait, il n'y a pas longtemps, la trouvaille de 228 onces en deux morceaux rongés par les eaux (environ 23,000 fr.).

Le second gisement aurifère de la Nouvelle-Galles du Sud est situé au nord-ouest de Sidney, à la distance de 400 kilomètres vers les sources de la rivière Peel : on lui attribue une circonférence de 114 kilomètres : il tire son nom d'un lieu appelé le *Hanging-Roch*, le rocher patibulaire. À la fin de 1852, il y avait là 1,400 mineurs exploitant la superficie du sol, recueillant en moyenne, suivant le *Times*, une somme tellement forte, que nous osons à peine la transcrire dans la crainte qu'il n'y ait erreur (10 onces et 1/2 par semaine : MI cours français, 1,740 fr.). On citait quelques individus ramassant de 6 à 9 onces par jour (de 600 à 900 fr.) ; les joueurs tout à fait malheureux étaient en petit nombre. Les géologues, notamment M. Hargreaves, le promoteur de toutes ces merveilles, pensent que le genre d'exploitation adopté jusqu'à ce jour au *Hanging-Rock* ne peut donner une idée de ses ressources réelles, et que pour ravir toutes les richesses que cette localité renferme, il faudrait pratiquer des excavations profondes.

Nous n'avons trouvé aucuns renseignements particuliers sur les autres régions aurifères de la Nouvelle-Galles du Sud : ce sont les *Tuence-diggins*, sur la rivière Abercromby, à 231 kilomètres sud-ouest de Sidney, et les *Braïdwood-diggins*, au sud, à la distance de 215 kilomètres. Le rapporteur colonial, M. Dunmore-Lang, se contente de dire que ces localités ne sont pas moins favorisées que les autres, et que probablement « des quantités d'or existent sur de vastes espaces, quelquefois à la surface, d'autres fois à une profondeur variant de 3 à 10 mètres. »

Ces renseignements, qui se rapportent à la Nouvelle-Galles du Sud, donnent déjà l'idée d'une grande richesse. Il paraît cependant que la province de Victoria est mieux dotée encore. En partant de Melbourne, ville assise au fond du grand bassin appelé Port-Philippe, et en prenant la direction du nord-ouest, on arrive, après une marche d'une trentaine de lieues, au district dont le centre est connu sous le nom de Mont-Alexandre. Voici ce qu'écrivait, en décembre 1851, peu de temps après la découverte, le sous-gouverneur colonial, M. Latrobe : « La quantité d'or recueillie dans cette localité se calcule aujourd'hui par quintaux et arrive à la ville par le courrier du gouvernement ou par les transports particuliers, à raison probablement de deux tonnes par semaine (environ 6 millions 1/2) : telle a été du moins la proportion pendant la dernière quinzaine... La plus grande partie de ceux qui exploitent les mines actuellement réalisent des bénéfices immenses... Une livre d'or par jour (1,250 fr.) est une faible rémunération pour le travail de plusieurs individus associés : un groupe assez nombreux peut compter assurément sur cinq ou six livres (6 ou 7,000 fr.). Il y a des exemples de cinquante livres ramassées en quelques heures de travail (64,000 fr.). On a recueilli des quantités considérables à la surface même du sol. »

C'était le point de départ. Les avis qu'on reçoit périodiquement depuis cette époque ne démentent pas la première impression. Du Mont-Alexandre, qu'on néglige parce que les eaux y sont rares et mauvaises, les mineurs se sont précipités sur d'autres gisements dont on dit des merveilles. Ballarat, Bendigo, Eureka, le ravin d'Adélaïde, la plage de Koorong, déserts malsains où l'on est à peine abrité sous de mauvaises lentes, sont devenus, depuis un an, des centres de population plus opulents que beaucoup de vieilles cités européennes. « Ballarat, écrivait-on récemment au *Standard* de Londres, est un plateau d'or. » - « Trois hommes, ajoutait l'*Economat*, viennent d'y trouver en six jours 192 livres pesant, » c'est-à-dire 240,000 fr. Ecoutez maintenant le *Times* : « Il y a dans le voisinage de Forest-Creek (à 15 kilomètres d'Adélaïde) un terrain plat qui vient de conquérir dans la colonie une célébrité due à la réunion de quatre colons, venus ici en amateurs et ramassant 150 livres pesant d'or pur (187,500 fr.) entre le déjeuner et le dîner. D'autres fouilles ont été faites immédiatement dans le voisinage de ces fortunés compagnons : le rendement journalier a donné une moyenne de 6 à 9 livres d'or (de 7,500 à 11,250 fr.) ; sur toute la ligne des ravins et des plateaux environnants, les mineurs ont un bonheur extraordinaire. La plupart ont pu emporter avec eux 9, 12 et 20 livres (de 11 à 25,000 fr.)... Il y avait récemment au ravin d'Adélaïde sept tonnes d'or (24,180,000 fr.) restées disponibles par suite du manque de chevaux pour les transporter, et une quantité plus considérable devait bientôt s'y accumuler. » Les récits de ce genre, qui touchent au fantastique, sont confirmés de temps en temps par les rapports officiels. Nous lisons dans les derniers avis que, du 18 août au 17 septembre 1853, Melbourne a reçu, par les escortes du gouvernement, 253,927 onces, c'est-à-dire 26,662,000 fr. en un mois. Et Melbourne n'est qu'un des trois points d'embarquement de l'Australie !

On entend dire assez souvent que les nouvelles de ce genre sont des réclames américaines pour amorcer les Européens, et, de ce qu'un grand nombre de gens travaillant aux mines n'y recueillent que misère et déception au lieu de l'opulence qu'ils ont rêvée, on conclut que la productivité des pays aurifères est exagérée jusqu'au mensonge. C'est fort mal raisonner. Que beaucoup de mineurs fassent, en fin de compte, d'assez mauvaises affaires, la chose est possible ; mais cela veut dire seulement que l'or qu'ils exhument ne suffit pas à couvrir leurs dépenses, qui sont excessives. Nous remarquons dans une curieuse relation, dont on a bien voulu nous communiquer un fragment inédit [5], un fait qui va expliquer la contradiction apparente. À peine débarqués en Californie, quatre Français courent dans les districts du sud, vers un lieu appelé *Mokelumnes*. Ils se mettent à l'œuvre, et, dès les premiers coups de pioche, découvrent une pépite d'or pesant 4 kilogrammes et d'une pureté qui fait l'admiration générale. Un d'eux se détache pour aller vendre le bloc à San-Francisco, et revient triomphant avec une somme d'environ 14,000 francs en espèces. Surexcitée par un tel début, l'ardeur des associés devient de la fièvre ; mais pendant plusieurs mois ils travaillent (nous allions dire ils jouent) avec un malheur si obstiné, qu'ils dévorent le gain des premiers jours, et tombent dans le dénuement. Encore des gens qui vont maudire la Californie : ils n'en ont pas moins jeté dans la circulation commerciale une somme assez ronde.

Il y a d'ailleurs un moyen de contrôler les rapports qui nous viennent de la Californie et de l'Australie. Il est incontestable que les chercheurs d'or en ramassent au moins assez pour solder les frais auxquels ils sont entraînés. Quel est le nombre des mineurs ? Quel peut être le minimum de leurs dépenses essentielles ? Ces deux termes étant connus, il deviendra facile d'évaluer la productivité des terrains aurifères. Eh bien ! les chercheurs d'or disséminés aujourd'hui sur les *placers* de la Californie et de l'Australie sont assurément au nombre de 200,000. Les trouvailles de l'année dernière, dans le bilan que nous avons dressé plus haut sont portées à la somme de 765 millions pour les deux pays : C'est donc en moyenne un gain de 3,825 fr. attribué à chaque travailleur. Un tel revenu ne serait-il pas la misère dans des contrées où le pain s'est vendu quatre ou cinq fois plus cher qu'en Europe [6], où le sucre coûte 4 francs le kilo, le sel 5 francs, et le reste à proportion ? Les mineurs se contenteraient-ils de réaliser une dizaine de francs par jour lorsqu'auprès d'eux les plus humbles artisans reçoivent de 15 à 30 francs avec moins de fatigues et de dangers ? En se plaçant à ce point de vue, on commence à craindre que les évaluations produites jusqu'à ce jour, loin d'avoir été exagérées, ne soient encore au-dessous de la réalité.

Les prodigieux accroissements de l'Australie anglaise ne sont-ils pas une autre preuve de ses immenses ressources ? De 26 millions de francs en 1851, les achats faits à la métropole en 1852 se sont élevés à 101 millions. Chaque semaine, 2,000 émigrants quittent les ports de Liverpool et de Londres pour prendre terre à Sidney ou à Melbourne. Et cependant l'opinion la plus générale parmi les Anglais est que l'Australie n'a pas encore dit son dernier mot. Jusqu'ici on n'y a vu que des aventuriers sans capitaux, sans apprentissage, sans outils, sans esprit de suite : que sera-ce quand des hommes expérimentés commenceront une exploitation rationnelle ! Et puis, cet immense continent dont on ne connaît encore que les lisières, sait-on ce qu'il recèle à l'intérieur ? Les uns ont dit qu'il s'y trouve un grand lac, les autres un affreux désert [7] : peut-être qu'on y va découvrir des montagnes d'or ! et sur cette vision les têtes s'exaltent. Des terrains que le capitaine Cook aurait obtenus, il y a moins d'un siècle pour un morceau de verroterie, sont achetés aussi cher que sur le boulevard des Italiens ou à Piccadilly. On trace des chemins de fer ; on projette toute sorte d'établissements utiles, et l'Angleterre essaie de construire des bâtiments gigantesques pour établir un large courant de population entre l'Europe et l'Océanie !

Non-seulement il faut s'attendre à ce que les nouvelles mines conservent leur fécondité, mais il est probable que les anciens pays aurifères seront entraînés à accroître leur production pour soutenir la concurrence. Jusqu'ici la Russie a eu pour système de modérer l'extraction de l'or afin d'en prévenir l'avilissement, et, sur cette sage pensée, elle a enchaîné cette industrie dans les liens d'une fiscalité lres onéreuse. Les mines d'or de la Sibérie ont été distribuées en dix classes et soumises à des impôts progressifs. Les mines de première classe, c'est-à-dire celles qui donnent de 1 à 2 pounds (16 à 32 kil.) sont taxées dans la proportion de 5 pour 100 du produit. Celles de la classe supérieure, rendant 50 pounds au moins (820 kilogrammes d'une valeur de 2,820,000 francs), supportent une taxe de 32 pour 100 pour les 50 premiers pounds, et de 35 pour 100 pour le surplus. Au lieu de maintenir des impôts restrictifs en présence d'une concurrence formidable [8], on sera plutôt conduit à spéculer sur un accroissement de production. La fécondité de la Sibérie deviendrait à son tour effrayante, si rien ne lui faisait obstacle. Il y a vers l'Altaï des localités où, suivant des renseignements transmis à M. Michel Chevalier, l'extraction moyenne par tête de travailleur et par jour peut s'élever à plus de 10 grammes, c'est-à-dire a une valeur commerciale de 34 francs : trois fois plus que nous n'avons attribué aux pionniers errants dans la Californie et l'Australie.

Peut-être faudra-t-il compter aussi avec les Orientaux. En Chine, disent les missionnaires [9], il va maintenant des hommes qu'on appelle des *regardeurs d'or*, « parce qu'ils ont une capacité remarquable pour découvrir les gisements de ce métal, en se guidant d'après la conformation des montagnes et l'espèce des plantes qu'elles produisent. » Quoique l'extraction de ces minerais, monopolisée sans doute par le gouvernement, soit prohibée sous les peines les plus sévères, elle est pratiquée en contrebande avec une inconcevable effronterie. En 1841, un regardeur d'or ayant signalé un gisement dans une petite principauté tartare située au nord de Péking et appelée le royaume de *Ouniot*, les aventuriers et les bandits accoururent de toutes parts et se trouvèrent bientôt au nombre de plus de douze mille. « La montagne presque tout entière passa au creuset : l'or en fut extrait en si grande quantité, qu'en Chine sa valeur baissa tout à coup de moitié. » On ne se débarrassa de ces mineurs improvisés qu'en envoyant contre eux un corps d'armée qui les châtia impitoyablement : ceux qu'on traita avec le plus d'indulgence eurent les yeux crevés. Quoique les Chinois défendent la sortie de l'or, ces trouvailles soudaines, assez abondantes pour faire baisser de moitié le prix du métal, ne seront sans doute pas sans influence sur les marchés d'Amérique et d'Europe.

Ce n'est pas tout encore. Pendant le cours de l'année dernière, des découvertes de gisements aurifères ont été signalées en nombre d'endroits : à la Nouvelle-Zélande, dans les îles de la Reine-Charlotte, à la Nouvelle-Grenade, au Guatemala, sur les bords du fleuve des Amazones, au Canada, en Turquie. On a annoncé enfin, il n'y a pas huit jours, que la France allait avoir aussi son Eldorado. On vient, dit-on, de prendre possession en son nom d'un groupe d'îles situé dans la Mer du Sud, entre l'Australie et le continent américain, sur l'espoir que la plus grande de ces îles, appelée Nouvelle-Calédonie, recèle aussi des mines d'or !... L'esprit est confondu ; c'est à se demander si l'on n'est pas dupe de quelque hallucination contagieuse.

Beaucoup de personnes comptent sur le développement du luxe pour atténuer les inconvénients dont nous menace la surabondance de l'or. Un bois dont on a fait un meuble est retiré de la circulation, et ne revient plus sur le marché où se règle le cours de la matière première. En est-il ainsi des métaux précieux transformés en bijoux ou en ornements de table ? Il est permis d'en douter. Nous inclinons à croire que les prix courants de l'or et de l'argent se règlent au *money-market*, non pas seulement d'après le nombre des médailles monétaires, mais d'après l'existence connue de ces métaux, sous quelque forme que ce soit. Au surplus, une bonne partie des objets neufs étant refaite avec les vieux, la quantité d'or nouveau mise eu œuvre par l'industrie n'est pas extrêmement considérable. Nous dépassons de beaucoup toutes les estimations antérieures en supposant pour l'avenir une demande de 80 millions, tant pour la bijouterie que pour les différents genres de dorure. La perte pour le *frai*, c'est-à-dire l'usure des pièces en circulation, est au maximum de un 8/100ème. Pour les autres causes de déperdition, telles que les enfouissements, les naufrages, les incendies, ajouter un 1/2 pour 100, ce serait beaucoup lui rapprochant toutes ces données, on arrive à grand'peine à un total de 200 millions de francs. La production actuelle de l'or dépassant un milliard, il restera chaque année une valeur d'au moins 800 millions destinée à fonctionner comme monnaie, soit sous forme de médailles, soit à l'état de lingots.

Un des inévitables effets de la surabondance de l'or devait être l'accroissement du monnayage. Ce phénomène, constaté dans tous les pays commerciaux, est remarquable surtout en France, où il bouleverse pour ainsi dire les traditions monétaires. Les chiffres vont compléter notre pensée.

TABLEAU DE VALEURS MONNAYÉES DEPUIS DOUZE ANS EN ANGLETERRE, AUX ÉTATS-UNIS ET EN FRANCE
(valeurs en francs)

Moyenne annuelle de la période	Sommes monnayées OR	Sommes monnayées ARGENT
Angleterre de 1841 à 1847	105,814,250	9,112,450
« de 1848 à 1850	51,014,900	2,367,750
« de 1851 à 1852	164,283,762	3,469,550
États-Unis de 1841 à 1847	4,129,700	12,197,625
« de 1848 à 1850	77,704,800	10,453,275
« de 1851 à 1852	288,651,697	3,807,372
« 1853 (les dix premiers mois)	251,059,929	16,658,202 [10]
France de 1841 à 1847	4,244,031	72,190,286
« de 1848 à 1850	50,665,896	128,131,720
« 1851	269,709,570	59,327,308
« 1852	27,028,270	71,711,560
« 1853	312,964,020	20,099,488

Le tableau qui précède va nous fournir des observations importantes. L'Angleterre fait frapper actuellement beaucoup plus d'or que de coutume, et trois fois moins d'argent. L'argent, ne fonctionnant chez elle qu'à l'état d'appoint, était monnayé, de 1841 à 1847, dans la proportion de 8 pour 100. Le rapport en ces derniers temps n'a pas dépassé de beaucoup 2 pour 100. L'écart est également considérable aux États-Unis. Avant 1848, la somme monnayée en argent était trois fois plus forte que la somme émise en or. En 1851, en 1852, les possesseurs de la Californie ont frappé quatre-vingts fois plus d'or que d'argent.

En France, le contraste est peut-être plus frappant encore, en ce sens que notre système monétaire a plus qu'aucun autre l'argent pour base. On y a fabriqué, pendant les sept années qui ont précédé la découverte de la Californie, dix-sept fois moins d'or que d'argent. Le monnayage de l'or est même tombé à 119,140 francs en 1845, année de prospérité incontestable : c'est deux mille sept cents fois moins que l'année dernière. On ne comptait pas plus de 1,217 millions en or sur 5 milliards 312 millions monnayés depuis l'origine du système décimal en 1795 jusqu'à l'année 1848 inclusivement. Il est admis que notre pays est le plus riche en numéraire métallique, parce qu'il est celui où on en a le plus frappé. Quoique sa primauté à cet égard soit incontestable, elle est moins prononcée qu'on ne le croit communément. La perfection de nos pièces décimales les fait rechercher dans le monde entier. L'or particulièrement donnait lieu à une exportation incessante en raison de la petite prime dont il bénéficiait, et suivant les autorités les plus sûres, il nous restait à peine en 1848 le dixième des pièces de vingt francs confectionnées depuis 1795. Notre bilan monétaire se réglait donc ainsi : 21/2 ou 3 milliards, dont à 150 millions au plus en pièces d'or, de sorte qu'il y avait dans la circulation vingt fois moins d'or que d'argent.

Depuis cinq ans, 723 millions d'or ont été frappés, et comme c'est actuellement l'autre métal qui profite de la prime, il est naturel que l'exportation s'exerce sur l'argent. S'il en est ainsi, notre circulation se composerait dès à présent d'environ 2 milliards en argent et de 8 à 900 millions en or. Ce dernier métal, au lieu d'être comme autrefois dans la proportion d'un vingtième, représenterait déjà le tiers de notre richesse métallique. La fabrication de l'or en 1853 a dépassé de 293 millions celle de l'autre mêlai. Il est à présumer qu'une somme d'argent à peu près égale à l'excédent de l'or est passée à l'étranger avec bénéfice pour les exportateurs [11]. Si cette spéculation devait se prolonger, sait-on combien il faudrait de temps pour que tout l'argent existant en France nous fût soutiré ? Sept ou huit ans seulement.

Cet étrange phénomène de la disparition de l'argent se manifeste surtout dans les bilans des grandes institutions de crédit. Voici, entre autres, un document qui nous a paru assez significatif pour que nous prissions la peine de le résumer en valeurs françaises :

ENCAISSE DE LA BANQUE D'ANGLETERRE

TABLEAU MONTRANT LA DIMINUTION PROGRESSIVE DE L'ARGENT ET L'AUGMENTATION DE L'OR (Valeurs françaises)

Années	Or	Argent	Total de l'encaisse	Proportion de l'argent à la totalité de l'encaisse
1847	332,084,725 fr.	65,704,575 fr.	398,789,300 fr.	17 pour 100
1848	296,656,525	33,419,475	325,106,000	11 2/3 «
1849	352,571,225	33,849,250	389,414,475	9 1/2 «
1850	406,719,275	13,797,725	425,517,000	4 1/3 «
1851	361,321,450	9 131,025	370,752,475	2 1/2 «
1852	431,841,100	7 097,425	438,938,525	1 3/5 «
1853	511,517,075	1 676,975	513,194,000	1/3 «

Ce tableau ne nous montre-t-il pas l'argent fondant à vue d'œil dans le plus large dépôt métallique qui soit au monde ? L'Angleterre ayant monnayé depuis le commencement du siècle jusqu'à 1852 inclusivement 2 milliards 849 millions de francs en or et 358 millions en argent, ce dernier métal entre dans la circulation générale à raison d'un peu plus de 11 pour 100. La Banque d'Angleterre était, il y a sept ans, bien au-dessus de cette moyenne, puisqu'elle avait 17 francs en argent sur 100 francs d'espèces. Aujourd'hui l'argent, imperceptible dans ses caisses, n'y figure plus que pour les petits appoints et dans la misérable proportion de 33 centimes par 100 fr.

La Banque de France n'a pas coutume d'indiquer dans les bilans mensuels qu'elle publie la composition métallique de son encaisse. Dans le rapport qu'il vient de présenter à l'assemblée des actionnaires pour l'année 1853, M. d'Argout se contente de dire en termes généraux : « L'importation toujours croissante des lingots et des matières d'or a modifié considérablement la nature de la circulation métallique en France. Jadis cette circulation consistait presque exclusivement en pièces d'argent ; aujourd'hui, dans les encaisses de la Banque centrale comme dans nos recouvrements à Paris, l'or domine. La fixité de la valeur relative des deux métaux a subi une certaine altération. »

Tout le monde sait que l'étalon prototype de notre système décimal est un mètre en platine déposé dans les archives. Supposons qu'au lieu d'un seul modèle en platine, on eût jugé convenable d'en déposer doux en métaux différents, et qu'on s'aperçoive à présent que, sous l'influence d'une cause imprévue, les deux types ont cessé d'être parfaitement égaux ; on imagine aisément l'émotion qui se produirait dans le commerce : chacun voudrait vendre avec la mesure la plus courte et acheter avec la mesure la plus longue. Eh bien ! voilà précisément le genre de perturbation dont le monde commercial est menacé dans l'ordre monétaire. L'or et l'argent employés simultanément comme mesures des valeurs sont deux mètres susceptibles d'allonger ou de se raccourcir, leurs proportions relatives étant incessamment modifiées en raison de leur abondance plus ou moins grande.

Jusqu'à la découverte de l'Amérique ou plutôt jusqu'aux temps où le traitement des minerais argentifères par le mercure a été pratiqué sur une grande échelle, on échangeait communément une livre d'or contre dix à onze livres d'argent. Ce dernier métal a perdu de sa valeur à mesure que son prix de revient s'est abaissé. À partir du XIXe siècle, le cours s'est réglé presque généralement sur des bases qui ont été maintenues jusqu'en ces derniers temps, c'est-à-dire dans un rapport qui attribue à l'or une puissance commerciale quinze ou seize fois plus forte que celle de l'argent. Lorsque cette proportion s'est introduite dans les différents systèmes monétaires, on recueillait annuellement 36 kilogrammes d'argent contre 1 kilogramme d'or. Constatons les changements survenus depuis cette époque.

QUANTITÉS PROPORTIONNELLES DE L'OR ET DE
L'ARGENT

PRODUITS DEPUIS LE COMMENCEMENT DU SIÈCLE
JUSQU'A NOS JOURS

Années	Quantités produites OR	Quantités produites ARGENT	Rapport des quantités
1800	2 3 , 8 0 9 kilog.	855,356 kilog.	1 kilog. d'or pour 30 kilog. d'argent.
1842	49,649	882,383	1 « 17 3/4
1850	152,730	954,955	1 « 6 1/4
1851	185,279	973,000	1 « 5 1/4
1852	290,360	990,100	1 « 3 2/5
1853	309,233	1,018,000	1 « 3 1/3

Il ressort de ce tableau qu'au lieu d'extraire chaque année 36 kil.
d'argent contre 1 kilogr. d'or, on n'en produit plus que 3 1/3 pour
1 ; l'écart est environ onze fois moins grand qu'au commencement
du siècle.

Jusqu'ici pourtant, l'or ne s'est pas affaissé autant qu'on pourrait le
craindre d'après cette énorme différence. Sur la place de Londres,
qui est le marché régulateur, il a perdu un peu en 1851 : il a repris
et conservé ses anciens avantages pendant presque tout le cours
de l'an 1852 [12] ; mais en 1853 il s'est déprimé de manière à présenter
une perte comparative de 3 à 4 pour 100 [13].

Ces variations, inaperçues du public, mais suivies attentivement
par une certaine classe de spéculateurs, suffisent pour expliquer
ce que les Anglais appellent le *drainage* de l'argent. On dit qu'en ce
moment des courtiers habiles dans le trafic des métaux précieux
parcourent l'Europe pour le compte de quelques grandes maisons,
et qu'ils font de bonnes affaires, notamment en Suède, en Norvège
et dans les petits états de l'Italie. Où va donc tout cet argent qu'on
soutire pour faire place à l'or californien ou australien ? Il va
dans les pays où l'or est déjà démonétisé, comme en Hollande, ou
menacé de démonétisation, comme en Belgique. On l'envoie en

Orient et dans les nouvelles contrées aurifères, où on a besoin de petite monnaie blanche. Les États-Unis surtout viennent de lui offrir un débouché important en affaiblissant d'environ 7 pour 100 le poids des pièces d'argent. Pour donner une idée de la différence, supposons, en ces temps de famine, un négociant français faisant acheter à New-York des farines pour 1 million de dollars (environ 5,300,000 fr.), et obligé de payer en numéraire. S'il parvenait à retirer de la circulation française assez de pièces de 5 francs pour s'acquitter en argent, il gagnerait, sur le change seulement, 212,000 francs, indépendamment de ses bénéfices commerciaux.

En considérant ! que la production de l'or est à peu près quadruplée depuis cinq ans, il est assez naturel de se demander si nous ne sommes pas menacés d'un phénomène pareil à celui qui a causé tant d'étonnement et de trouble au XVIe siècle, l'avilissement du numéraire, manifesté par un enchérissement de toutes les marchandises. Que les démolitions, la mauvaise récolte, la maladie de la vigne, la multiplication des moteurs mécaniques soient pour beaucoup dans la cherté des logements, des aliments, des boissons, du combustible et du fer, cela est incontestable ; mais qui oserait affirmer que l'affluence de l'or n'y est pour rien ? En supposant même que les valeurs commerciales n'eussent pas encore été influencées par les richesses métalliques exhumées depuis cinq ans, cela ne serait pas une garantie pour l'avenir.

Les sociétés qui surgissent aux deux extrémités de l'Océan Pacifique ont montré des appétits à l'égal de leurs ressources. Alimentation, maisons, ameublements, vêtements, moyens d'instruction et de plaisir, tout étant à créer à la fois dans ces pays où un maçon, un charpentier, un tailleur, un cuisinier, reçoivent l'équivalent de 20 à 35 francs par jour, l'absorption du capital a dû être énorme. Le premier besoin qui s'est fait sentir a été celui d'un fonds de roulement. Une bonne partie des lingots australiens se sont échangés contre du métal monnayé en Europe. Le numéraire est si recherché en Californie, que, bien que l'intérêt légal y soit à 10 pour 100 par an, il y a des placements réputés très sûrs faits à raison de 3 pour 100 par mois.

D'un autre côté, les États-Unis ont profité de l'abondance des métaux précieux pour prévenir les dangers auxquels les exposait l'usage immodéré du papier. La plupart des banques se sont procuré un encaisse respectable. L'Europe n'a pas reçu le tiers des trésors exhumés en Californie. Les exportations d'or officiellement constatées aux États-Unis depuis cinq ans n'ont pas dépassé la somme de 398,056,586 francs. « De tous côtés, dit à ce sujet l'organe le plus accrédité des intérêts commerciaux en Amérique, on nous demande ce que deviennent les masses d'or restant dans le pays. Notre réponse est que, indépendamment des quantités employées dans l'industrie, plus de 100 millions de dollars ont été ajoutés aux réserves des banques ou jetés dans la circulation monétaire. L'or est de plus en plus en usage, non-seulement parmi ceux qui peuvent thésauriser, mais dans les petits échanges des classes populaires. » Il est advenu en Amérique ce qui arrive souvent à ceux qui font un héritage inespéré : on a tant fait d'entreprises, on a tant exagéré les dépenses publiques et particulières, qu'on s'est mis dans la gêne, et que le numéraire n'a jamais été à plus haut prix ni plus recherché qu'en ces derniers temps.

Pareil effet s'est produit en Angleterre. L'énormité des avances faites à l'Australie a occasionné en grande partie la crise monétaire dont on souffre encore sur la place de Londres. Bref, la découverte des mines d'or, exaltant les imaginations, a été pour beaucoup dans ce redoublement de vitalité, dans cette prospérité presque universelle qu'on a remarquée à partir de 1850 jusqu'au jour néfaste où la question d'Orient a été soulevée, et la demande croissante des capitaux pour une foule d'entreprises nouvelles a fini par absorber les métaux précieux produits en surcroît.

Il n'en sera pas toujours ainsi. Le moment n'est pas loin où la Californie et l'Australie auront complété leur fonds de roulement, où il y aura saturation métallique dans le commerce américain, où les négociants de Londres seront couverts des avances faites à leur colonie, où l'or en un mot, au lieu d'être humblement sollicité, sera une marchandise réduite à s'offrir contre toutes sortes de marchandises. Dire que les capitaux ne seront jamais trop abondants et qu'on en trouvera toujours l'emploi, c'est se faire illusion sur l'essence du capital. L'or et l'argent sont des capitaux sans doute, mais d'une nature particulière. Qu'on découvre un grand gisement de houille et qu'on se mette à échanger du charbon contre de la toile, il en résultera au bout de vingt ans que des quantités considérables de combustible et d'étoffes auront été consommées au grand avantage des populations ; les deux marchandises produites et échangées auront été anéanties. Qu'on trouve au contraire 1 milliard d'or chaque année, il y aura vingt ans après 20 milliards de plus dans le monde commercial. Vous réunissez 100 millions en espèces pour construire un chemin de fer. Vous allez enfouir, quoi ? -De l'or ? — Non, du sable, du bois, des pierres, du fer. Quand l'œuvre sera terminée, l'or se dégagera de lui-même, et pourra servir à construire successivement dix autres chemins de fer. Pour que l'or ne se dépréciât pas, il faudrait que les besoins de numéraire (et non de capital) se multipliassent dans le monde à mesure que le métal monétaire s'y accumule.

M. Stirling fait remarquer (et cette démonstration est l'originalité de son livre) que la dépréciation des métaux précieux est déterminée moins par les quantités extraites que par la réduction des prix de revient. Supposons qu'il faille dépenser en moyenne 3,200 fr. dans une campagne pour réaliser un kilogramme d'or qui vaut en Europe 3,444 fr. au plus : les prix consacrés seront à peine influencés ; mais, que la dépense individuelle soit abaissée à 1,500 fr., et aussitôt la concurrence qui s'établira entre les mineurs pour écouler leurs trouvailles déterminera une forte baisse. À en juger par le régime actuel des nouveaux pays aurifères, l'or qu'on y recueille coûte encore assez cher. Le travail est grevé par le prix excessif des aliments, par la cherté des transports, par l'intervention suspecte des usuriers et des entremetteurs : mais la réduction de toutes ces charges est inévitable. Les colons bien avisés se livreront aux travaux agricoles, plus sûrement lucratifs que la recherche de l'or. On ne tardera pas à perfectionner les moyens de transport et de communication. On trace, dit-on, en Californie un chemin de fer qui doit aboutir de San-Francisco aux pentes occidentales de la Sierra-Nevada, centre de l'industrie minière. Des projets analogues sont à l'étude en Australie. En un mot, ce qui s'est fait et ce qui se prépare semble autoriser l'opinion par laquelle M. Stirling résume son livre : » Nous voyons notre richesse métallique recevoir des accroissements inouïs dans l'histoire, et ces accroissements ont lieu en même temps qu'une réduction de frais également sans précédents… Ma conviction profonde est que, si la production continue dans la mesure actuelle, ne fût-ce qu'un petit nombre d'années, on doit s'attendre à un changement très grave dans les relations commerciales et sociales, à un trouble économique tel qu'on n'en a pas vu dans le monde depuis près de trois siècles. »

Il est du devoir de chaque peuple d'examiner jusqu'à cruel point ses intérêts commerciaux pourraient être compromis par ces éventualités. Déjà des mesures de prudence ont été prises en divers pays.

Le système monétaire de l'Union américaine, constitué en 1792, admettait primitivement l'existence légale ces deux métaux précieux dans le rapport de 1 à 15. L'or valant à cette époque plus de 15 fois son poids en argent, il ne resta pas dans un pays où il était mésestimé : les aigles ne sortaient de l'hôtel des monnaies que pour s'envoler à l'étranger. En 1834, on changea la proportion, « dans le dessein avoué, dit un financier américain, d'attirer l'or de préférence à l'argent quand le cours du commerce conduirait à l'importation des métaux précieux. » Le système de 1834 est resté en vigueur jusqu'au moment où le métal californien est venu engorger les canaux de la circulation. Quel parti devait-on prendre ? Personne ne songeait à chasser l'or d'un pays où la monnaie suffit à peine aux transactions, où le papier manque trop souvent d'une garantie métallique ; mais, d'un autre côté, la dépréciation de l'or dans un temps plus ou moins long paraissant inévitable, on craignait de lui conserver une valeur fictive qui forçât l'autre métal à émigrer.

On adopta un système mixte consistant à restreindre la fabrication des pièces d'argent et à diminuer leur poids, tout en leur conservant leur valeur nominale. En vertu d'un acte du congrès qui a eu son effet à partir du 1er juin 1853, le dollar d'argent est supprimé, afin de populariser le cours du dollar d'or. On ne refond que les coupures, demi-dollar, quart de dollar, dîme et demi-dîme, en diminuant leur poids d'un peu moins de 7 pour 100. Ce changement établit entre les deux métaux la proportion légale de 1 à 14,45, au lieu de 1 à 6, qui existait auparavant. A ce compte, 10 demi-dollars, contenant 111 grammes 922 millièmes d'argent pur, et valant intrinsèquement, suivant le tarif français, 24 francs 87 centimes, équivalent à un aigle de 5 dollars, contenant 7 grammes 520 millièmes d'or pur, qui vaudraient, suivant notre tarif légal, 25 francs 90 centimes. Un Français qui envoie un solde en argent gagne donc au moins 4 pour 100, moins le port et l'assurance. La trésorerie américaine a fait annoncer qu'elle achèterait l'argent sur cette base, sous prétexte des besoins qu'elle éprouve pour la refonte de ses demi-dollars : il n'en fallait pas davantage pour que l'argent de France allât remplacer l'or californien.

La Grande-Bretagne est moins exposée que les autres pays à une perturbation monétaire ; l'or y est la seule mesure des valeurs et à peu près le seul élément de circulation, et son évaluation légale est si basse, qu'elle est encore inférieure au prix du commerce international. L'argent n'est admissible dans les paiements que jusqu'à concurrencé de 60 francs. Il résulte de ces dispositions que jusqu'à présent on n'a aucun intérêt à attirer l'or, si ce n'est pour le revendre avec bénéfice aux étrangers. Dans le système anglais, le monnayage de l'argent étant désavantageux aux particuliers (en raison de l'impôt dont il est grevé), c'est presque toujours le gouvernement qui, par l'intermédiaire de la Banque, se charge de pourvoir le commerce de menue monnaie. Les sacrifices qu'il est obligé de faire pour cela deviennent de jour en jour plus onéreux : les petites pièces blanches que la banque d'Angleterre verse par millions dans le public disparaissent ; les échanges minimes qui font vivre la multitude sont entravés. M. Stirling pense que, pour arrêter l'exportation de la monnaie d'argent, on sera bientôt forcé de réduire ; le poids des pièces comme aux États-Unis, et de déclarer que l'argent cesse d'être monnaie légale au-dessus de 25 francs seulement.

La réforme monétaire opérée dans les Pays-Bas était décidée en principe bien avant la découverte de la Californie. Lorsque la Hollande était réunie à la Belgique, chacune des provinces du nord s'était réservé le droit de frapper sa monnaie, et les provinces du midi avaient adopté la monnaie française ; de là une circulation composée de pièces disparates, souvent usées ou falsifiées. Le commerce réclamait un système uniforme et normal. Cette grande opération, dont nous regrettons de ne pouvoir exposer les détails [14], fut exécutée avec la ferme sagacité qui distingue les actes économiques du gouvernement hollandais. Le nouveau système a pour unité le florin d'argent (valeur exacte, 2 francs 10 centimes) ; l'argent seul est monnaie légale. Les pièces d'or ne sont plus considérées que comme deniers de commerce. La légende indique leur poids et leur titre, mais non plus leur valeur monétaire ; ce ne sont plus des billets signés et garantis par l'état, mais des marchandises destinées à circuler suivant leur cours commercial. Le système hollandais est le plus normal, et, dans les circonstances actuelles, le plus prudent qui soit au monde.

La démonétisation de l'or en Hollande força la Belgique à prendre une mesure préservatrice. Une loi du 28 décembre 1850 suspendit la fabrication des pièces d'or, et autorisa le gouvernement à faire cesser au besoin le cours légal de celles qui avaient été déjà émises, jusqu'à concurrence de 14,646,025 francs. On priva en même temps les monnaies d'or étrangères du privilège de circuler à titre légal ; elles ne sont plus reçues que volontairement, selon leur valeur intrinsèque, comme les deniers de commerce hollandais. Il est à remarquer que jusqu'ici le gouvernement belge n'a pas usé de l'autorisation de démonétiser les pièces d'or nationales : il n'aurait recours à ce moyen extrême que dans le cas où l'or serait notoirement avili.

En France, les seuls actes à citer jusqu'à ce jour sont négatifs. Une commission a déclaré, en 1851, que la baisse de l'or était accidentelle, et qu'il n'y avait pas lieu de s'inquiéter jusqu'à nouvel ordre. La Banque de France ne donne plus que des pièces de 20 francs en échange de ses billets, afin de modérer l'exportation des pièces de 5 francs ; enfin, pour que l'insuffisance de la monnaie ne ralentisse pas le mouvement des échanges, le gouvernement fait fabriquer des pièces de 5 francs en or, un peu plus petites en diamètre que les pièces de 20 centimes, mais pesant 612 milligrammes de plus. Là-dessus certains publicistes répètent, avec une candeur exemplaire, que la substitution de l'or à l'argent est passée dans la catégorie des faits accomplis, que cette évolution économique, dont quelques esprits chagrins affectaient de s'inquiéter, a été tellement inoffensive, que le public s'en est à peine aperçu.

L'avenir nous apprendra s'il n'eût pas mieux valu prévenir le mal en tranchant dans le vif dès l'origine, et adopter l'argent pour seul étalon monétaire avant que le métal menacé d'une baisse fût entré à grands flots dans notre circulation. Démonétiser l'or serait déjà bien difficile aujourd'hui : ce sera chose, impossible dans quelques années, si on continue à frapper les millions d'or par centaines.

Dire qu'il est indifférent pour la France que son vieil argent soit remplacé par de l'or, c'est proclamer une erreur bien dangereuse.

Tout système de numération monétaire repose sur une unité dont tous les autres nombres sont des fractions, des multiples ou des équivalents. L'unité dans le système anglais est la livre sterling en or, c'est-à-dire un poids de 7 grammes 318 millièmes en or pur. Créanciers ou débiteurs, indigènes ou étrangers savent qu'ils doivent donner ou recevoir ce poids, quelles que puissent être d'ailleurs les variations dans le prix commercial du métal. La France, l'unité monétaire est un poids de à grammes et demi d'argent fin, que nous appelons franc : l'or n'est qu'un équivalent auquel la loi attribue une valeur quinze fois et demie plus grande. Quelle deviendra donc notre situation, si tout notre argent nous est enlevé ? L'unité effective de notre système disparaîtra, et nous resterons avec des multiples qui auront cesse d'être en rapport avec l'unité disparue. Dans chaque vente faite à l'étranger, nous serons payés avec un équivalent altéré à notre préjudice. Le change sera calculé d'après l'argent, qui vaut plus, et on nous soldera en or, qui vaut moins. Renouvelée à chacune des opérations du commerce extérieur, la perte arrivera à un total énorme.

Si la dépréciation de l'or se prolonge en s'aggravant, et que la France ne modifie pas le rapport légal établi entre les deux métaux, ce que nous possédons d'argent monnayé sera exporté jusqu'au dernier franc. À calculer seulement au cours actuel du marché américain, chaque milliard d'argent remplacé par un milliard d'or infligera à notre pays une perte réelle de 40 millions. Le prix des marchandises s'élèvera nécessairement de toute la différence de valeur intrinsèque existant entre l'ancienne monnaie et la nouvelle, et comme une hausse de 4 à 5 pour 100 dans le commerce en gros se traduit par une hausse de 20 à 30 pour 100 dans le petit détail, il y aura de tristes mécomptes dans le budget des familles réduites au strict nécessaire.

Ainsi, dans cette surabondance phénoménale des métaux précieux, la France est doublement menacée, d'abord par un enchérissement universel des marchandises, fatalité contre laquelle l'autorité administrative est impuissante, et en second lieu, par son système monétaire, qui va cesser d'être en harmonie avec les faits commerciaux. Sans insister plus qu'il ne convient sur les inconvénients d'une pareille situation, nous en avons dit assez pour montrer qu'il y a des mesures à prendre. À ne considérer les choses que théoriquement, le plus prudent serait d'adopter, comme en Hollande, un seul étalon monétaire, et de conserver pour élément normal de circulation le métal auquel notre pays est accoutumé ; mais, en matière de finances, la théorie rencontre souvent des difficultés d'exécution insurmontables. L'or est déjà entré trop abondamment dans la circulation française pour qu'il soit possible de lui enlever la valeur que la loi lui assigne : telle paraît être du moins l'opinion des personnes à portée d'observer la composition et les mouvements des grands dépôts métalliques. Il est donc probable qu'en fera en sorte de conserver aux deux métaux leur existence légale, lui ce cas, deux modifications au système actuel nous paraissent indispensables. D'abord, on sera forcé de réduire, comme aux États-Unis, le poids des pièces d'argent, sans quoi notre monnaie blanche sera exportée jusqu'à la dernière pièce, en second lieu, il faudra prendre l'unité monétaire dans le métal destiné à prédominer, c'est-à-dire décider qu'à l'avenir le *franc* sera un certain poids d'or, si c'est l'or qui devient décidément la monnaie usuelle.

En résumé, l'illusion qu'on a pu conserver jusqu'à la fin de 1852 n'est plus admissible. La fécondité des nouvelles exploitations aurifères est incontestable, et c'est un de ces grands faits dont on hésite à sonder toutes les conséquences, tant le bien et le mal s'y trouvent confondus. Le dérangement dans l'équilibre des valeurs n'aura pas lieu sans une crise favorable pour quelques-uns, irritante pour beaucoup d'autres. Les propriétaires faisant valoir par eux-mêmes, les fermiers à long bail, les capitalistes spéculateurs, les industriels, auront moyen d'augmenter leurs recettes dans une proportion supérieure peut-être à l'enchérissement des marchandises : les chances de bénéfice sont pour eux. Au contraire ceux qui vivent d'un revenu fixe ou d'une solde accordée par autrui, les rentiers sur l'état et les créanciers hypothécaires, les employés et les ouvriers auront à s'imposer des privations pour aligner leurs recettes invariables avec des dépenses croissantes. Pour les ouvriers, le niveau des salaires se relèvera peu à peu de manière à rétablir l'espèce d'équilibre qui existe aujourd'hui entre leurs ressources et leurs besoins. Quant aux rentiers, leurs pertes resteront sans compensation. Seulement les plus éclairés d'entre eux se mettront à l'abri en transformant leurs créances. Aux placements rapportant une somme invariable, ils préféreront les bonnes valeurs industrielles, dont le revenu augmenterait nécessairement, si une hausse générale venait à se déclarer dans le prix des marchandises et des services.

Si l'instruction économique était plus répandue, il n'y aurait pas à s'inquiéter beaucoup des accidents qui viennent de temps en temps influencer la circulation monétaire. Des phénomènes généralement prévus et compris n'inquiéteraient personne : chacun dans sa sphère avisant aux moyens de se garantir, l'équilibre des intérêts serait à peine ébranlé. Le vrai mal, c'est l'ignorance. Qu'on multiplie les avertissements sous toutes les formes, afin que la cherté croissante ne paraisse pas à la foule le résultat d'un complot, et que le fabricant qui vend ses produits plus cher n'hésite pas à payer plus cher l'ouvrier ; qu'on atténue autant que possible les monopoles et les règlements contraires à la liberté industrielle, afin que les forts ne puissent pas abuser et que les faibles ne soient pas entravés dans le légitime exercice de leur activité : voilà ce que les gouvernements ont de mieux à faire en vue des circonstances qui se préparent. N'est-ce pas toujours là qu'il en faut venir : instruction et liberté ?

Notes

1.   La Revue, tribune ouverte à toutes les opinions que recommandent le talent et les antécédents de l'écrivain, a admis en 1852 un travail tendant à cette même conclusion. Si la controverse est utile, c'est surtout dans les questions de ce genre.

2.   De la Découverte des Mines d'Or en Australie et en Californie, traduit par M. Augustin Planche, édité par M. Guillaumin.

3.   Ces estimations, comme toutes celles qui suivent, sont rapportées au tarif légal de France, savoir : or pur, le kilogramme, 3,444 fr., et, au titre des monnaies courantes, avec un dixième d'alliage, 3,100 fr. ; — argent pur, le kilogramme, 222 fr., et, au titre monétaire, 200 fr.

4.   On vient d'accorder à M. Hargreaves une gratification de 10,000 liv. st. (250,000 fr.). 73 kilogrammes d'or, c'est bien peu pour l'homme qui en a déjà fait trouver 300,000. An reste le premier

trouveur de la Californie, M. Sutter, ancien officier des Cent-Suisses de Charles X, paraît avoir été moins heureux. Il possédait un petit royaume de quarante lieues cariées dont il se proposait d'exploiter les bois. Ce fut en établissant une scierie hydraulique qu'il eut le malheur de découvrir des mines. Lorsqu'on sut que ce canton renfermait de l'or, la tourbe des aventuriers s'y abattit de tous les coins du globe et ruina le terrain en le bouleversant. Depuis cette époque, le malheureux propriétaire ne recueille plus dans son domaine que des coups de fusil. Il sollicite, dit-on, une indemnité du gouvernement américain.

5.   Voyage en Californie, par M. Edouard Auger. {Sous presse.)

6.   En 1852, la farine rendue au Mont-Alexandre se vendait 82 liv, sterl. par tonne anglaise., ce qui équivaut à un peu plus de 2 fr. le kilogramme.

7.   On commence à parler beaucoup en Angleterre d'une expédition à l'intérieur de l'Australie. Des souscriptions volontaires ont déjà été offertes pour cette entreprise nationale.

8.   La recherche de l'or n'a été d'abord grevée en Australie que par un droit de licence de 30 shillings par mois pour les citoyens et du double pour les étrangers. Une loi nouvelle vient de réduire à 10 shillings par mois (12 francs 50 centimes le droit de licence au profit de la colonie, en y ajoutant un prélèvement de 3 pour 100 sur les produits au profit de la métropole. On ne fait plus de différence entre les nationaux et les étrangers. En Californie, il a fallu payer, jusqu'en 1851, 20 piastres (100 fr.) par mois pour avoir la jouissance exclusive d'un claim, lot d'environ 10 mètres sur la rive d'un cours d'eau, et d'une dimension illimitée par les côtés. Actuellement la location mensuelle d'un claim est réduite à 3 piastres (15 fr.) seulement. C'est un moyen de localiser le travail de chacun, plutôt qu'une spéculation fiscale.

9.   Souvenirs d'un Voyage en Tartarie, par M. Huc, prêtre-missionnaire, qui se trouvait en 1841 dans le royaume de Ouniot.

10.   La refonte des demi-dollars, décrétée en 1853, a élevé momentanément le chiffre du monnayage en argent.

11.   Il résulte d'une note annexée un dernier compte annuel de la Banque de France qu'en 1853, après balance faite entre les

importations et les exportations de métaux précieux, la quantité d'or circulant en France avait été augmentée de 287 millions, et la quantité d'argent diminuée de 103 millions seulement. Il ne faut accepter ces chiffres que comme un aperçu, les douanes, auxquelles ils sont empruntés, n'étant pas appelées à constater les mouvements d'espèces.

12.   L'or se vendait à Londres 66 centimes pour 100 francs plus cher qu'en France ; c'est pourquoi le monnayage de ce métal a été dix fois moindre chez nous en 1852 que pendant l'année précédente.

13.   L'année dernière, ceux qui ont converti en pièces de vingt francs des lingots d'or auxquels la loi française attribuait une valeur supérieure de 3 pour 100 au prix commercial ont pu réaliser, sur un monnayage de 313 millions, un bénéfice de 9,390,000 fr. — A Paris, où la valeur de l'or monnayé est soutenue par le cours légal, le change de l'or contre l'argent ne se paie encore que 3 fr. par 1,000.

14.   On les trouve dans un excellent livre publié récemment à Utrecht : Le Système Monétaire du royaume des Pays-Bas, par M. Vrolik. Président de la commission des monnaies, l'auteur expose avec lucidité la double réforme dont il a été un des principaux agents, la refoute des vieilles monnaies d'argent et la démonétisation de l'or. Il faut garder souvenir du livre de M. Vrolik: bien des pays auront sans doute à consulter l'expérience de cet habile administrateur.

ISBN : 978-1984070814

www.ingramcontent.com/pod-product-compliance
Lightning Source LLC
Chambersburg PA
CBHW070928220526
45468CB00005B/1700